조용히 무너지는 것들

그럼에도 사랑이 필요한 당신에게
변호사 안귀옥

조용히 무너지는 것들

펴낸날	초판 1쇄 2025년 11월 20일
지은이	안귀옥
펴낸이	서용순
펴낸곳	이지출판
출판등록	1997년 9월 10일
등록번호	제300-2005-156호
주소	03131 서울시 종로구 율곡로6길 36 월드오피스텔 903호
대표전화	02-743-7661 팩스 02-743-7621
이메일	easy7661@naver.com
창작지도	윤보영감성시학교
영문번역	정백락 · 박준용
디자인	김민정
인쇄	ICAN
물류	(주)비앤북스

ⓒ 안귀옥 2025, Printed in Seoul, Korea

값 15,000원

ISBN 979-11-5555-269-8 04810
　　　979-11-5555-272-8 04810(세트)

※ 저자와 합의하여 인지는 생략합니다.
※ 이 책의 전부 또는 일부 내용을 재사용하려면 사전에 저작권자와
   이지출판의 동의를 얻어야 합니다.
※ 잘못 만들어진 책은 구입하신 서점에서 교환해 드립니다.

조용히
무너지는 것들

안귀옥 변호사 법정 시집 ②

이지출판

● **추천의 글**_ 윤보영 커피시인

　제가 알기엔 세계 최초의 법정 시집이 탄생했습니다.
　존경하는 안귀옥 변호사님이 오랜 법정 경험 속에서 갈등의 순간들을 감성시로 승화시켜 3권의 시집에 담았습니다.

　안귀옥 변호사님은 감성시를 통해 만났습니다. 일상의 경험을 시로 표현하는 과정에서, 법정에서 마주한 수많은 갈등을 감동적으로 표현하는 것을 보고 '법정 시집' 출간을 권유했습니다. 제 의견을 받아들여 마침내 그 누구도 시도하지 못한 의미 있는 결실을 이뤄 냈습니다.

　이 시집은 그저 단순한 책이 아닙니다. 부부와 가족이 겪는 갈등을 시를 통해 풀어나갈 수 있도록 도와줄 뿐만 아니라, 법조인들에게는 새로운 시각을 제시하는 지침서 같은 귀한 선물이 될 게 분명합니다.

저 역시 시를 읽으면서 눈시울이 붉어졌습니다. 앞으로도 변호사님의 시상(詩想)이 샘물처럼 솟아나 따뜻한 사회를 만드는 데 시인으로서 더 큰 역할을 해 줄 것을 부탁드립니다. 그 과정에 저 역시 시인으로 함께할 것을 약속드립니다.

끝으로, 3권의 시집을 동시에 발간하신 시인님과 특별히 엄마의 시를 영어로 번역해 준 아드님, 그리고 든든한 힘이 되어 주신 가족분들께 깊이 감사드립니다.

2025년 11월

● **추천의 글**_ **왕미양** 한국여성변호사회 회장

이혼 법정에서 만난 사람들의 이야기, 시로 피어나다

변호사로 살아오며 수많은 이혼 사건을 마주해 왔습니다. 그러는 사이, 저는 깨닫게 되었습니다. 이혼 법정이란 단지 법과 증거로만 움직이는 공간이 아니라, 사랑의 끝과 새로운 시작이 교차하는 인간의 깊은 내면의 소리를 듣게 되는 자리라는 것을요.

그곳엔 상처와 아픔, 회복과 희망이 공존합니다. 말로 다 담을 수 없는 감정들, 판결문에 적히지 않는 사연들, 소송 서류 어디에도 남지 않는 그날의 눈빛과 침묵들— 안귀옥 변호사님의 시는 바로 그 이야기를, 그 마음을 품고 있습니다.

이별의 순간부터 흘러간 시간들, 그리고 다시 삶의 자리를 찾아가는 그 긴 여정까지, 시인은 따뜻하고 섬세한 언어로 이별의 풍경을 어루만집니다. 그 속엔 상처받은 이들의 아픔에 깊이 공감하며, 조용히 손을 내미는 시인의 시선이 고스란히 담겨 있습니다.

  헤어짐을 다루는 법정에서, 그 너머의 삶을 품은 시집이 태어났습니다. 법과 문학이 만나 빚어낸 이 귀한 결실을, 모든 법률가와 위로가 필요한 이들에게 진심으로 권합니다.

2025년 11월

● **추천의 글 _ 권갑하** 시인, 문화콘텐츠학박사

사랑, 그 긴 변론의 끝에서 피어난 시

이 3권의 시집은 한 여성의 마음을 지나온 사랑의 이야기이자, 인간이 상처를 겪고 다시 일어서는 회복의 기록이다. 안귀옥 시인은 오랜 세월 법정에서 수많은 이별과 화해, 상처와 회복의 순간들을 지켜보았다. 이혼 전문 변호사로서 타인의 아픔을 마주해 온 그 시선이, 시를 만나 비로소 자신의 내면 언어로 피어난 것이다.

첫 번째 시집 《내 안에 머물러 있는 순간들》은 사랑의 시작과 끝을 바라보며 관계의 진실을 배우는 연습이다.

> 결혼은
> 같이 숨 쉬는
> 연습이었는데
>
> 나는
> 자꾸 내 호흡만
> 세고 있었어요.
>
> — 〈연습〉 부분

이 짧은 고백 속엔 사랑의 온도와 균형, 그리고 '함께 한다는 것'의 어려움이 그대로 배어 있다.

두 번째 시집 《조용히 무너지는 것들》은 무너진 자리에서 다시 일어서는 치유의 이야기다.

> 거울 앞에 섰어요
> 잠깐 나를 보다가
> 처음으로 말했어요
> "괜찮아, 넌 잘 살아왔어."
> — 〈처음 해 본 말〉 부분

이 한 구절은 법정에서 들려온 수많은 사연보다도 더 깊은 자기 고백이다. 상처받은 자아가 마침내 '내 편이 된 나'로 서는 순간의 울림이 있다.

세 번째 시집 《이별, 그 후의 나》는 모든 고통을 지나 마침내 얻은 평화의 순간을 노래한다.

상처도
빛을 받으면
아름다워지는 것을
그때 알았어요.
− 〈상처〉 부분

  이 한 줄은 긴 어둠을 지나 마침내 찾은 빛의 고백이다. 시인에게 이별은 끝이 아니라 자신에게로 돌아가는 새로운 시작이다.

  이 3권의 시집은 '사랑−상처−회복'으로 이어지는 한 편의 긴 서정적 여정처럼 읽힌다. 법정에서의 언어가 판결의 언어였다면, 시 속의 언어는 용서와 이해, 그리고 치유의 언어다.
  시인은 흩어진 인간의 감정을 시라는 그릇에 고요히 담아낸다. 단정하고 절제된 목소리로 우리에게 속삭인다.

  "괜찮아요, 당신도 다시 피어날 수 있어요."

안귀옥 시인의 시는 슬픔을 위로로, 상처를 빛으로 바꾸는 삶의 변호문이다. 그의 시에는 법정의 냉정함을 넘어선 사랑의 따뜻함이 잔잔히 흐른다.

이 3권의 시집은 오랫동안 독자들의 마음에 남아, 사랑의 본질과 인간의 품격을 다시 생각하게 하는 소중한 문학의 증언이 되기를 바란다.

2025년 11월

● 시인의 말

  이별은 언제나 조용히 찾아옵니다.
  무너지는 소리조차 들리지 않게.
  서로의 눈빛이 모든 걸 말하고 있을 즈음, 이미 마음은 한참 전에 멀어져 있었음을 깨닫게 되지요.

  법정에서 마주한 수많은 이별은 때로는 폭풍처럼 격렬했다가도, 정작 가장 슬픈 장면은 말없이 등을 돌리는 그 조용한 뒷모습에 있었습니다.

  이 시집은 그런 말 없는 무너짐에 대한 기록입니다. 차마 소리내지 못한 후회, 놓치고 싶지 않았던 감정, 끝까지 붙잡고 있었던 마음 조각들을 하나씩 꺼내어 시로 다시 붙였습니다.

사랑은 끝났지만, 그 끝도 분명 사랑이었습니다. 아무 말 없이 함께 걸었던 마지막 길 위에, 차곡차곡 쌓인 감정들을 천천히, 조심스럽게 어루만지며 써 내려갔습니다.

이별을 겪은 사람들은 이해보다 공감을 원한다는 걸 늦게야 알게 되었습니다. '왜 헤어졌느냐'보다, '얼마나 아팠는지'를 먼저 물어 주는 시가 되고 싶었습니다.

이 시집이 당신의 아픈 기억을 꺼내기보다는, 그 기억을 부드럽게 감싸 안는 말들이 되었으면 합니다. 이별이 삶의 끝이 아니라, 내 마음을 다시 마주하는 작고 따뜻한 시작이 될 수 있기를.

시집이 탄생하도록 따뜻한 지도와 격려를 보내 주신 윤보영 시인님, 귀한 추천의 글로 힘을 보태 주신 권갑하 시인님과 왕미양 회장님, 시의 아름다움을 함께 번역해 주신 정백락 선생님과 박준용 군, 그리고 아름다운 책으로 완성해 주신 이지출판사 서용순 대표님께 깊은 감사를 드립니다.

여러분의 진심 어린 마음과 손길이 모여 이 시집이 꽃으로 피어날 수 있었습니다.

2025년 11월
안귀옥

● 차례

추천의 글_ **윤보영** 커피시인 • 4
추천의 글_ **왕미양** 한국여성변호사회 회장 • 6
추천의 글_ **권갑하** 시인, 문화콘텐츠학박사 • 8
시인의 말 • 12

제1부 우리는 조용히 멀어졌어요

사랑이었기에 • 22
미안하다는 말 • 24
뒤처진 말 • 26
침묵의 끝 • 28
점점 흐려진 나 • 30
알아줄 줄 알았는데 • 32
마음의 구멍 • 34
아무 말도 • 36
이름 • 38
도장을 찍기 전 • 40
첫눈 내리면 • 42
내 편 • 44
쓰지 못한 마음 • 46
증거 • 48

다시는 그 이름으로 • 23
나도 잘 살게요 • 25
멈춤 • 27
너무 멀리 • 29
손을 놓을 때 • 31
외로움 • 33
멀어지는 거리 • 35
법정에서 당신 • 37
종이 위의 사랑 • 39
도장 하나로 • 41
그 겨울의 온기 • 43
손을 놓으면서 • 45
말하지 않아도 • 47
판결 • 49

제2부 그대 이름을 지웠습니다

이별 · 52
우리 이야기 · 54
사랑이 아니었다 · 56
그래도 고마웠어 · 58
고개를 들면 · 60
떠나보내고 나서 · 62
작별 · 64
이별 대화 · 66
안녕 · 68
지워지지 않는 것 · 70
말 바꾸기 연습 · 72
송곳으로 찌르듯 · 74
사랑의 조각 · 76
약속은 여전히 · 78

그때는 몰랐습니다 · 53
사랑이란 착각 · 55
짝사랑 · 57
손 놓는 연습 · 59
두려움 · 61
닿지 못한 말 · 63
뒷모습 · 65
끝 · 67
지우는 연습 · 69
그대 얼굴 · 71
향기 · 73
그리움 · 75
떠나며 남긴 말 · 77

제3부 이별은 끝이 아니라 시작이었어요

나를 부르는 시간 • 80
밥맛 • 82
처음 해 본 말 • 84
나를 위한 이별 • 86
상처 위에 피는 꽃 • 88
다른 시작 • 90
낯선 시작 • 92
이별 덕분에 • 94
웃을 수 있어요 • 96
나와 함께 • 98
이젠 보여요 • 100
두려움과 나란히 • 102
멈출 때도 있지 • 104

일할 수 있어서 • 81
내가, 여기 있어요 • 83
이별의 이유 • 85
날개 달기 • 87
진짜 용기 • 89
나를 만나러 가는 길 • 91
사랑이라는 수업 • 93
기다림 • 95
첫 발자국 • 97
나의 친구들 • 99
새로운 길 위에서 • 101
나의 한 조각 • 103
나만의 속도로 • 105

제4부 조금씩 자신감이 자라나더군요

마음이란 게 • 108
오늘 시작했어요 • 110
나를 위한 배려 • 112
따뜻한 품 • 114
잊지 않을게요 • 116
눈물이 나를 • 118
최선의 선택 • 120
믿어요 • 122
조금 낯설지만 • 124
나는 알아요 • 126
둘 다 놓지 못했어 • 128
사진 • 130
나도 화가 나요 • 132

조금 늦더라도 • 109
나와의 약속 • 111
신발끈을 다시 묶으며 • 113
그대 없이도 • 115
선물 • 117
당당한 나 • 119
거짓은 없었어요 • 121
지금 이곳 • 123
다시 사랑 • 125
마음 쪼개지는 소리 • 127
참다가 참다가 • 129
손이 닿지 않아요 • 131

제5부 영문번역 시

Because It Was Love · 134

Never Again, That Name · 135

My Side · 136

Letting Go of Your Hand · 137

Why It's So Quiet · 138

Tears, My Oldest Friend · 139

Without Warning · 140

Because I Could Weep · 141

I Was Sorry · 142

Stop · 143

The End of Saying Nothing · 144

My Empty Seat · 145

I'll Embrace You · 146

I Get Angry, Too · 147

If It Is Love · 148

제1부
우리는 조용히 멀어졌어요

사랑이었기에

이제 끝났지만
그건
분명 사랑이었지요

그래서
아팠고

그래서
아름다웠어요.

다시는 그 이름으로

이제
다시는 부르지 않을 이름

하지만
마음속에선
여전히 살아 있는
사랑이라는 이름.

미안하다는 말

왜
그리 늦게 나왔을까

기다리는 동안
마음은
이미 닫혀 버렸는데….

나도 잘 살게요

우리의
모든 것이 잠잠해졌어요

그 고요함 속에
모든 것이
끝났음을 알았지요

다행히
아름다웠던
기억은 남아 있더군요

그래요
잘 살아요
나도 잘 살게요.

뒤처진 말

우리는
아무 말 없이 걸었지요

단지
같이 걸었을 뿐

밤이 깊어 갈수록
말들은 뒤처지고
끝내
따라오지 못했지요

우리
왜 그랬을까요?

멈춤

목소리는 사라졌어요

우리는 그저
서로를 떠올렸지요

우리는 그냥
넘어가려 했고

말하지 않음으로
서로를
이해하려 했지만

우리는
점점 멀어져 갔네요

그러다
결국 멈춤까지 왔어요.

침묵의 끝

침묵이
우리 사이를 덮어 버렸어요

그 침묵은
더 이상
견딜 수 없을 만큼 길었어요

그리고
그 끝에서
우리는 서로를 잃어버렸어요

찾으려는 노력조차
하지 않은 게
우리 자존심 때문이었나요?

너무 멀리

하루 끝에서
나는 서서히 사라져 갔어요

그대가
알아챌 때쯤
이미
나는 너무 멀리 와 있었어요

그곳에서
당신이 뻗은 손길 위로
돌아오기엔

그 힘이
너무 약했어요.

점점 흐려진 나

어디서부터인가
내 모습이
흐려지기 시작했어요

서서히 사라지며
내가
누구인지도 잊어버렸어요

언제부터인지
내 자신을 찾을 수 없었지요

사라지기 전,
내가 당신에게
마지막으로 남긴 것은 무엇일까요?

손을 놓을 때

그대 손길이
나를 놓을 때
나는 조용히 사라졌지요

어느새 나도
그 자리를 떠나고 있었어요

나마저
손길을 놓으니
이리 멀리 와 있네요.

알아줄 줄 알았는데

나는
마음을 건넸지만

당신은
고개를 돌렸지요

말은 하지 않았지만
알아줄 줄 알았는데

같은 길 위에서
우리는
자꾸 어긋났지요

나만 알고
당신은
아직도 모르더군요

참,
그게 문제였네요.

외로움

당신 곁에 있었지만
내 자리는
비어 있었지요

함께였지만
마음은
혼자였어요

자리는 있었지만
그리움이 먼저
앉아 있더군요

그래서
더,
외로웠지요.

마음의 구멍

마음 한가운데
작은 구멍이 생겼어요

당신이 곁에 있어도
그 자리는
메워지지 않더군요

웃는 얼굴 뒤에서
그 틈 하나가
내 하루를
자꾸 더 아프게 했어요

나는
그 구멍으로 들어오는
외로움 때문에
늘 아파했답니다.

멀어지는 거리

당신과 나
손 닿을 듯 가까웠지만
마음은 닿지 않았네요

가까워지지 않는 사이
그것이 외로움이었고

가까워지고 싶은 마음
이것이 행복이었는데
우리는 조용히 멀어졌어요

서로 등을 돌리진 않았지만
마음이
먼저 뒷모습이 되었네요.

아무 말도

함께 있어도
늘 따뜻한 건 아니었어요

그 감정은
우리 둘 사이에
늘 아닌 척 머물렀지요

말없이 다가와
말없이 떠나는
그 외로움 앞에

우리는
아무 말도 할 수 없었어요.

법정에서 당신

처음 손잡은 곳은
결코
아니었어요

사랑을
시작한 자리도
아니었구요

다시 보니
우리
끝을 말하려
마주 앉아 있더군요

당신을 바라보는 게
왜 이렇게
낯설까요?

이름

그대 이름이
불렸습니다

법정에서
처음이자
마지막으로

나는
그 이름을
가슴에 담고
고개를 숙였습니다

그리고
사랑도
내려놓았습니다

미련인지
아쉬움인지
여운만 남긴 채.

종이 위의 사랑

사랑했던 시간이
이젠
몇 장의 종이로
남았습니다

같이 웃고
같이 울던 날들도
이름 옆 숫자들로
정리되었습니다

서류 속 우리는
서로를 사랑하던
그 마음 대신

서로를
잊어야 할
이유가 되었습니다

이제 우리는
그저
낯선 남이 되었습니다.

도장을 찍기 전

도장을 찍고
서명을 남겼어요

손은 떨리지 않는데
속은 다 무너졌지요

그 도장이
이별이라면

도장을 찍기 전
사랑도 한 번 더
찍고 싶었는데….

도장 하나로

함께했던 시간이
서류 속에 있네요

이름 옆에
도장 하나로

우리는
기억만 남긴
남남이 되었지요

그렇게
우리 사랑을
종이가
가져가 버렸어요.

첫눈 내리면

첫눈 내리면
그대에게
전화를 했었지요

이젠
전화도 못하는
그대

다시 첫눈 내리면
어떻게 하죠?

그 겨울의 온기

추위에 떨던
내 손을
그대는
가만히 감싸 주었지요

그 따스함이
겨울을
버티게 했어요

다시
겨울이 올 텐데,

시린 손
어떻게 하면 되지요?

내 편

말없이
내 손을 잡던 그대

그 순간,
온 세상은
내 편이 되곤 했어요

꽃이 피고
새소리가 들리고…

하지만 이제,
내 편
어디서 찾아야 할까요?

손을 놓으면서

그대가
내 손을 처음 잡던 날
부러운 것이 없었어요

그대는 나의
전부였어요

그리고
오늘,

우리는
아무 말 없이
손을 놓네요

그래도
그때처럼
나는 그대를 기억할 거예요.

쓰지 못한 마음

사랑했던 날들의 기억은
진술서 속 어디에도
남아 있지 않았어요

서류 속 문장들은
우리 사이의 일들을
조금씩 잘라냈고

남은 마음은
그 문장 너머에
눈만 멀뚱멀뚱
말없이 머물렀네요

우리는
그 마음을
끝내
어디에도
쓰지 못하게 되었어요.

말하지 않아도

그대는
말을 아꼈고
나는
눈을 피했습니다

그날
우리가 마주한 재판정은
아무 말 없이
우리의 끝을
알려 주었습니다

그 고요한 공간은
여운만 남긴 채
이별보다
더 슬펐습니다.

증거

사랑이
증거가 되었습니다

사진도
문자도
목소리도

우리는
사랑조차
설명해야 했습니다

믿었던 마음마저
조심스레
꺼내 보여야 했습니다

그날,
사랑은 믿음이 아니라
자료였습니다.

판결

판사가
말했습니다

사랑은
끝났다고

나는
속으로
말했습니다

사랑에는
죄가
없다고….

제2부
그대 이름을 지웠습니다

이별

판결문을
손에 쥐고

나는
법정문을
나섰습니다

그 순간
이별이
따라나섰습니다.

그때는 몰랐습니다

그날,
내가 한 그 말이
우리의 마지막이 될 줄
몰랐습니다

그래서
미안하다는 말도
사랑한다는 말도
남기지 못했습니다

그 말이
이렇게 오래
가슴에 남을 줄

그때는
정말 몰랐습니다.

우리 이야기

이혼이
모든 걸 끝내진 않네요

약속과 희망으로
가득 찼던
결혼이란 단어

이제
아픔과 그리움으로 바뀌었지만

우리 이야기는
여전히 소중해요.

사랑이란 착각

사랑이라
믿었던 감정들

이제 와 돌아보면
착각이었을까요?

하지만
그 착각마저도

우리의
소중한 시간이었습니다.

사랑이 아니었다

매일
보고 싶던 마음이
사랑인 줄 알았습니다

하지만
이제 알아요
그건 외로움이었다는 걸.

짝사랑

같은 음악을 듣고
같은 길을 걷는다고
마음을 나눈 건 아니었어요

그대 눈빛이
늘 내게 머물 거라 믿었어요

하지만 결국
사랑한 건
나 혼자였네요.

그래도 고마웠어

법정에서 나오는 길
마지막으로
당신을
불러보고 싶었습니다

"잘 살아"
그 말 대신

"고마웠어"
그 한마디가
내 안에
오래 머물렀습니다.

손 놓는 연습

우리는
말없이 통한다고
생각했어요

하지만 그건
잡은 손을
놓는 연습이었어요.

고개를 들면

마지막 대화에서
나는
그대 눈을
보지 못했습니다

고개를 들면
그 안에
이별이 담겨 있을까 봐

그대 눈 속 슬픔이
나를 먼저
울릴까 봐.

두려움

사랑인 줄 알았는데
이제야 알겠어요

그건
그대를 잃을까 봐
나를 숨긴
두려움이었다는 걸

다행히
잃고 나서
나를 만날 수 있었네요.

떠나보내고 나서

오래된 나를 꺼냈어요
그동안
구석에 몰아넣고
잊고 있던 얼굴이었죠

조금은 낯설고
조금은 미안했지만
이제라도
나를 찾아
다행이에요.

닿지 못한 말

"우리
다시 해 보자."

이 말이
입술까지 나왔습니다

하지만
당신에게는
닿지 못했습니다

그래서
이별은 계속되었습니다.

작별

그날
우리는
말하지 않았습니다

눈물이
대신
말했습니다

그것으로
충분했습니다.

뒷모습

당신이 먼저
법정문을 열고 나갔어요

그 문이
사랑보다 먼저
닫히는 소리를 들었네요

그대는 떠났는데
우리가 나눈 시간은

아직 그날들을
붙잡고 있네요.

이별 대화

마지막 대화에
'왜'는 없었습니다

이해보다
이별이
가까웠으니까

그래서
묻지 않았고
마음은
이미
뒤를 보고 있었습니다.

끝

"끝이야!"
그 한마디에

온 세상이
멈추었습니다

그날 이후
나는

아무 말도
하지 못했습니다

그냥
나로 살아야 했습니다.

안녕

"안녕"
이 한마디에

사랑과 슬픔
후회까지
모두 들어 있었습니다

그렇게
우리 마지막은
안녕으로 남았습니다.

지우는 연습

사진을
지웠습니다

문자도
지웠습니다

마지막으로
기억을
지우려 했습니다

하지만
당신은 여전히
남아 있습니다

세월이 지워 주길
기다려야겠지요.

지워지지 않는 것

그대 이름을
지웠습니다

숫자 하나
가볍게 눌렀습니다

하지만
습관은
남았습니다

자꾸만 그 자리에
손이 갑니다

지운 것은
이름뿐이었습니다.

그대 얼굴

알람을
끄고

팔로우를
해제했습니다

당신 소식이
내 하루에
닿지 않도록

그대
웃는 얼굴이
이제는
너무 슬퍼서

그래서
나는
당신을 보지 않기로 했습니다.

말 바꾸기 연습

'자기야'를
다른 말로
바꿨습니다

그 익숙한 말 하나를
입 밖에
내지 않으려고

가슴을
찢었습니다

하지만
습관처럼
메아리로 들립니다

"자기야!"
"자기야!"

향기

그대 향기가
스쳤습니다

가슴이
먼저
반응했습니다

나는 그제야
알았습니다

지워야지
지워야지 했는데도

아직도
당신을
지우지 못했다는 것을….

송곳으로 찌르듯

사랑이 부서지고
그 조각 하나가

내 마음에
박혔습니다

움직일 때마다
아픕니다

지금도
그 자리가
송곳으로 찌르듯
아픕니다.

그리움

아주 작은
조각인데
그리움은
크게 남았습니다

보이지 않아도
내 가슴은
그 자리를 기억합니다

조용히
아프게
그리고 오래도록

하지만
살다 보면
이곳에도
꽃이 필 날 있겠지요?

사랑의 조각

당신을
피할수록

사랑 조각은
더 깊이
마음을 파고듭니다

예리한
감정이
나를 아프게 합니다

그러니
피할 수도 없고

그렇다고
기억에서 꺼내기는
더 힘들고….

떠나며 남긴 말

마지막 인사를 하며
그대가 남긴 말

"그래도 행복해라."

그 말에 울었어요

그렇게 좋아했는데
어떻게
울지 않을 수 있나요?

약속은 여전히

이제
각자의 길이지만

"행복하자!"
그때 그 약속만은
내 삶 속에
머물러 있어요

부디 행복하세요.

제3부
이별은 끝이 아니라
시작이었어요

나를 부르는 시간

혼자가
됐어요

근데
잃은 게 아니라
하나 더
얻은 거였더군요

이제
나를
내 이름으로
불러요.

일할 수 있어서

아침에
눈을 떴어요

갈 곳이 있고
할 일이 있어요

그게
참 고마웠어요

그런데
무엇부터 하죠?

밥맛

밥을 지었어요
숟가락 하나
밥그릇 하나

조용히 밥을 푸며 생각했죠
이제는
나를 더 아끼며 살아야겠다고

하지만 밥맛은
아직 잘 모르겠어요

어울려 먹는 맛을
무엇으로 채울지도 모르겠고⋯.

내가, 여기 있어요

오늘도
내가
이 자리에 서 있는 걸 보며

괜찮다고
잘했다고
내게 작은 미소를 보냈어요

지나온 날들이
고개를 끄덕여요

위로인지
인정인지.

처음 해 본 말

거울 앞에 섰어요
잠깐
나를 보다가
처음으로 말했어요

"괜찮아, 넌 잘 살아왔어."

그 말을
내가 내게 할 줄
몰랐어요

조금 울컥했지만
괜찮아요

이제야
내가 내 편이 된 걸
확인했거든요.

이별의 이유

이별은
그냥 오지 않더라고요

아무 이유 없이
끝나지도 않더라고요

생각해 보니
이별은
끝이 아니라 시작이었어요

알고 보니
이별에도
이유가 있었고

그 이유는
시작을 위한
이유이기도 했어요

이제,
나를 위해
나를 조금 더 아낄 거예요.

나를 위한 이별

사랑했어요
정말

그런데 이젠
나를 더 사랑해야겠어요

그래서
잡고 있던 손을
놓았어요

슬펐지만
돌이켜보면
잘한 일 같아요.

날개 달기

사랑도
분명 소중했어요

하지만
그보다 더 소중한 건
지금의 나입니다

무너지지 않기 위해
지키고 싶었거든요

지키기 위해서는
더 단단해야 했고
결국
손을 놓아야 했어요

늦었지만
지금의 내게
날개를 다는 것도
'나'라는 사실을 알았어요.

상처 위에 피는 꽃

사랑하면서
많이 배웠어요

기다리는 법도
참는 법도
그리고
놓아 주는 법도

쉬운 건 없었지만
그래서 우린
더 성숙해졌어요

상처도
사랑이 가르쳐 준 거였어요

상처 위에
꽃을 피우기 위해
노력할게요.

진짜 용기

용기는
계속 가는 것만은
아니었어요

와서 보니
멈추기로 한
그 순간이
사실은
더 큰 용기였어요

그 선택
나를
지켜 준 순간이었거든요.

다른 시작

이별은
아팠어요

하지만
그 아픔이
그냥 끝은 아니었어요

조금 지나고 나니
그게 성장이더라고요

그래서
이별도 성숙해지기 위한
다른 시작인 걸 알았어요.

나를 만나러 가는 길

나를
잃어가고 있었어요

그래서
마지막 결정을 했어요
이별하기로요

이별은
누군가를
떠나는 것이 아니라
잊었던 나를
다시
만나러 가는 길이었어요

이쯤 와서
돌아보니
알겠더라구요.

낯선 시작

그 사람도
나도
서로를 생각했어요

그래서
헤어지기로 했지요

아직
사랑이 남아 있었지만
미래는 다른 쪽을 보고 있었거든요

서로의 시간을
지켜 주기 위해
연습 없이 결정한
낯선 시작이었어요.

사랑이라는 수업

그 인연
지나갔지만
많이
배웠어요

사랑과 이별
그 안에서
나를 알아냈어요

우리 사랑은
내 인생에서
가장 비싼 수강료를 지불한
수업이었어요.

이별 덕분에

그땐
몰랐어요

왜 이별을 했는지
왜 그렇게 아파했는지

하지만
지금은 알아요

이별은
나를
조금 더 단단하게
조금 더 따뜻하게 했어요

대신
상처는
내 마음의 뿌리가 되었지요.

기다림

기다리지 않기로
결심한 날보다

이유 없이
기다림이 멈춰 버린 날이
더 아팠어요

기다림도
기대가 있어야
참을 수 있는 거였나 봐요.

웃을 수 있어요

거울 앞에서
웃어 봤어요
어색했지만
괜찮았어요

오늘 내가 나를
한 번 더 바라봤으니까요

내일은
조금 더
웃을 수 있을 것 같아요

오늘 내가
나를 안아 줬으니까요.

첫 발자국

구두를 신고
조용히 나선 아침

오래된 슬픔이
조금 작아졌습니다

걷는다는 건
어제의 나를
조금씩 떠나보내는 일

작은 발소리 속에
기도처럼 담긴 용기

아무도 모르게
나는 오늘
나를 안아 주었습니다.

나와 함께

길을 걸어요
그런데 이상합니다
외롭지 않네요

가슴 안에
누군가 말을 건넵니다

"괜찮아, 지금 너 잘 가고 있어."

내 안의 이야기들이
오늘도 나와 함께 걷습니다.

나의 친구들

이 길을 혼자 걸어도
외롭지 않습니다

내 안에는
사랑의 말들이 살아 있고

작은 기도들이
속삭이고 있기 때문입니다

때때로
눈물도, 웃음도
나의 친구가 되어

오늘도 나는
혼자이면서 함께입니다.

이젠 보여요

전엔 안 보였는데
이젠 보여요

당신과 매일 걷던 그 길인데
처음처럼 낯설어요

내가 바뀐 걸까요?
길이 바뀐 걸까요?

아니, 아니요!
내 마음이 달라졌나 봐요

새로운 길 위에서

낯익은 길이
오늘은 다르게 보여요

예전엔 스쳐 지나던 가로수
보이지 않던 꽃 한 송이에도
눈길이 오래 머무네요

아픈 날이 있었기에
더 따뜻해진 시선으로

새로운 길 위에서
새로워지고 있네요.

두려움과 나란히

두려움을 버리지 않았어요
버리면
나도 버림받을 것 같아서

그래서
같이 걸었어요
두려움과 나란히

조금 느려도 괜찮아요
무섭지만
걸을 수밖에 없어서
같이 걷고 있어요.

나의 한 조각

두려움도 안고 갈 거예요
그것도
나의 한 조각이니까

상처처럼 따라오는
작은 떨림 하나까지도
사랑하려고요

조심스럽지만
나는 조금씩 나가고 있어요

두려움과 함께
용기를 배우는 마음
조금씩
자라고 있어요.

멈출 때도 있지

가다 보면
멈출 때도 있습니다

괜찮아요
그것도 길입니다

쉬어 가는 나무처럼
그늘도 있어야
길이 되는 거니까요

그 길 위에
나도 있을 테니까요.

나만의 속도로

너는 앞서 가고
나는 천천히 갑니다

그래도 괜찮아요
길은 하나니까

나만의 속도로
나만의 방향으로
조용히, 하지만 틀림없이
나도 가고 있어요

가다 보면
만나겠지요
서로의 행복을.

제4부
조금씩 자신감이
자라나더군요

마음이란 게

그대를 보냈는데
이상하게
그대가 더 자주 보여요

머물던 자리에
익숙한 숨결처럼
아직도 내 안에 남아 있나 봐요

마음이란 게
참 느려서

그대는 벌써 떠났는데
아직 내 안에
머물러 있다니요!

조금 늦더라도

조금 늦더라도
내 걸음을 사랑할 거예요

빠르게 가는 이들을 보며
조급했던 날들
이제는 미소로 보낼 수 있어요

천천히
그러나 분명히

나만의 속도로
내 길을 걸을래요

그 길이
나의 삶이고
가야 할
목적지일 테니까요.

오늘 시작했어요

다 준비된 건 아니지만
그래도 걷습니다

완벽하지 않아도
오늘
나는 시작했어요

지금
이 한 걸음이
새로운 길을 만들 거예요.

나와의 약속

모든 준비가 되진 않았지만
오늘 나는
마음을 열고 걸었어요

조금 부족해도
멈춰 있지 않겠다고
나와 약속했지요

이 시작,
약속이니까 지켜야지요
오늘부터 실천입니다.

나를 위한 배려

한참을 걷다
숨이 찬 순간
멈추었습니다

조금 쉬고 나니
숨도 마음도
조용히 돌아왔습니다

멈춤은
포기가 아니라
나를 위한 작은 배려였음을
이제는 압니다

그러니
눈치 보지 말고
쉬고 싶으면
쉬어야겠습니다.

신발끈을 다시 묶으며

걷다 보니
신발끈이 풀렸어요

멈춰서
가만히 다시 묶습니다

그리고
속삭입니다

"괜찮아, 다시 걸으면 돼!"

따뜻한 품

누구는 떠나고
누구는 잊혀져도

끝까지 남아 있는 건
나예요

그래서
내 마음이
나를 토닥여 줘요

그게 제일
따뜻했거든요.

그대 없이도

그대가 떠나도
아침은 매일 찾아와요

햇살은 여전히 따뜻하고
바람도
가끔 웃겨요

믿어지지 않지만
그대 없이도
살 수 있을 것 같아요.

잊지 않을게요

우리 서로
행복하자고 약속했지만
끝내 지키지 못했네요

이제는
각자 행복을 찾아
걸어가야 할 시간

언제 어디서든
행복하자고 했던
그대 목소리

이것만은
잊지 않을게요.

선물

이젠
누구도
내 하루를
살아주지 않아요

그래서
하루가
더 귀해요

내가
나에게
주는 하루거든요

그러니
내 하루가
당연히
선물이 될 수밖에요.

눈물이 나를

그때 울지 않았다면
아마
무너졌을 거예요

그 눈물이
내 마음을 붙잡아 줬어요

그래서
지금의 나로
살 수 있었어요

그러니
고마울 수밖에요.

당당한 나

이혼이라는 말에
움츠러들었던 날들이 있었어요

그런데
조금씩 자신감이 자라더군요

부끄러움 대신
살아냈다는 믿음 하나 품었거든요

이제는 말할 수 있어요
괜찮아요,
당당한
나니까요.

최선의 선택

이혼이
실패가 아니라는 걸 알았어요

더 이상
아프지 않으려고
나를 살리려고
결심했던 거예요

이혼은
나를 지키기 위한
최선의 선택이었어요.

거짓은 없었어요

진심이었어요
서로 사랑했으니까요

그래서
이별이 더 아팠어요

그날
마주 보던 눈빛 속엔
거짓은 없었어요

지금 남은 상처도
진짜입니다
우리 마음만큼요.

믿어요

"영원히 함께하자!"
그 말,
거짓 아니었어요

그때 우리는
진짜로 그렇게 믿었어요

지금은 떨어져 있어도
그 마음까지
없어진 건 아니에요

믿지 않아도
괜찮아요,
나는 믿으니까요.

지금 이곳

같은 마음으로 시작했는데
같은 시간 속에서
조금씩 달라졌어요

서로 사랑했지만
서로 다른 곳을
바라보고 있었어요

그 다른 곳이
결국
지금 이곳이네요

내가 나를
바로 볼 수 있는 곳
말이에요.

조금 낯설지만

"사랑했으니까 아픈 거야."

이 말
이별하고 나서
조금 이해했어요

사랑이 없었으면
이렇게 아프지도 않았겠죠

사실, 이별이 아직은
조금 낯설긴 해요
다른 사람 일 같기도 하고요.

다시 사랑

다짐했어요
이제 더 이상
마음을 다치게 하지 않겠다고

다시 사랑할 거예요
이번엔
누구보다 나부터 사랑할 거예요

천천히
따뜻하게
아주 소중하게

다시 사랑받는 나
이제는, 절대
내 마음 다치게 하지 않을 거예요

내가 나에게 말했어요

"넌 잘할 수 있어!"

나는 알아요

사랑이 끝나면
아픔이 남아요

그렇게 서운하고
원망스러웠지만

생각해 보면
그만큼
진심으로 사랑했다는 거예요

그대는 부정해도
나는 알 수 있어요.

마음 쪼개지는 소리

'이혼'이라는 말이
탁,
떨어졌을 때

귀보다 먼저
가슴이 아팠어요

두려움은 눈물을 막고
가슴엔
금이 가기 시작했어요

그 금은
아직도
지워지지 않았어요.

둘 다 놓지 못했어

엄마 손도
아빠 손도
잡고 싶었어요

그런데 손이
하나밖에 없어요

나머지
손 하나
어디에 있을까요?

참다가 참다가

침대에서
엄마 아빠를 불렀어요

내 소리를 들은
달빛이
먼저 울기 시작했어요

참다가
참다가
함께 울었어요.

사진

사진 속 우리는
정말 행복해 보여요

그때는 몰랐어요
사진이 추억이 될 줄은

그 추억을
지금 보고 있을 줄은.

손이 닿지 않아요

엄마 아빠가
등을 돌릴 때

두 손을 잡으려고
작은 내 손 뻗었는데
닿을 수 없었어요

둘 다
하늘로 올라가는 풍선처럼
차츰 사이가 벌어졌어요.

나도 화가 나요

엄마도 힘들고
아빠도 아픈 거
알아요

그런데
왜 나한텐
한마디 말도 없었나요

왜 아무도
내 마음은 묻지 않았나요

가슴속에
참았던 질문들이
밤이면 혼자 울고 있는데

가끔
그게 너무 속상해서
나도 화가 나요

화를 참고 있는 내 마음이
가엾지 않나요?

제5부
영문번역 시

Because It Was Love

Though it has ended now,
It was
Surely, love—

That is why it hurt,
And that is why
It was beautiful.

Never Again, That Name

A name
I shall never call again.

And yet,
within my heart,
still breathing,
the name called love.

My Side

Silently,
you held my hand.

In that moment,
the whole world
was on my side.

Flowers blooming,
birds singing.

But now,
where shall I find
my side again?

Letting Go of Your Hand

The day
you first held my hand,

the world
became all mine.

You were
my everything.

And now,
today,

in silence,
we let go
of each other's hands.

Still,
just as before,
I will remember you.

Why It's So Quiet

The home
was too quiet.

Not because words were gone,
but because hearts had grown apart.

The sunlight was the same,
the trees outside the window too.

Then why,
of all homes,
must ours be this way?

Tears, My Oldest Friend

When I could not speak,
my tears spoke for me.

That is why,
tears have become
my oldest friend.

Without Warning

It was nothing,
yet suddenly,
our voices rose.

One voice
summoned another.

And in the end,
a crack
ran through our love.

Now…
what shall we do?

Because I Could Weep

I wept—
I didn't hold it in.

And then,
Somehow,
I felt a little more alive.

The tears that fell—
Proof
My heart was still alive.

I'm truly glad
I could weep.

Aren't you?
Don't you think so, too?

I Was Sorry

I was sorry
to you,
and to myself.

Quietly,
I took that feeling out
and looked at it.

I thought the sorrow
would bring me to tears,
but it didn't.

So,
I gave it a name:
"Forgiveness."

Stop

The voices faded away.

We only
thought of each other.

We only
tried to let it pass.

By saying nothing,
we tried
to understand each other.

But by saying nothing,
we slowly
grew apart.

And then,
at last, we came to
a stop.

The End of Saying Nothing

Silence
fell upon us.

That silence
grew so long
we could no longer bear it.

And at its end,
we lost
each other.

Was it our pride
that kept us
from even trying to find each other again?

My Empty Seat

Day by day,
my seat grew smaller.

You, too,
came to see
I was fading away.

When I am gone,
will my empty seat ever be filled?

As I vanish,
all that remains in me is fear.

I'll Embrace You

So that Mom won't weep,
so that Dad won't drift away.

I,
with my small heart,
embraced them both.

That day,
the little me
embraced the whole world.

I wish,
just like that,
I could tie us—never to come undone.

I Get Angry, Too

I know—
Mom is weary,
And Dad is in pain.

But why
Did no one ever
Say a single word to me?

And why
Did no one ever
Ask how I felt?

The questions
I kept inside my heart
Weep alone at night.

Sometimes,
It hurts so much
That I get angry, too.

Isn't it sad—
This heart of mine
That keeps holding its anger in?

If It Is Love

Mom said,
and Dad said
they love me⎯

And yet,

why does my heart
hurt this much?

If it is love,
shouldn't I be able to lean on it?
Then why do I keep wanting to hide?